BEI GRIN MACHT SICH IHR WISSEN BEZAHLT

- Wir veröffentlichen Ihre Hausarbeit, Bachelor- und Masterarbeit

- Ihr eigenes eBook und Buch - weltweit in allen wichtigen Shops

- Verdienen Sie an jedem Verkauf

Jetzt bei www.GRIN.com hochladen und kostenlos publizieren

Analog-Digital-Wandlung verständlich erklärt. Grundlagen, PCM und Delta-Sigma-Verfahren

Jannes von Skarczinski

Bibliografische Information der Deutschen Nationalbibliothek:

Die Deutsche Nationalbibliothek verzeichnet diese Publikation in der Deutschen Nationalbibliografie; detaillierte bibliografische Daten sind im Internet über http://dnb.d-nb.de abrufbar.

ISBN: 9783389093283
Dieses Buch ist auch als E-Book erhältlich.

© GRIN Publishing GmbH
Trappentreustraße 1
80339 München

Alle Rechte vorbehalten

Druck und Bindung: Books on Demand GmbH, Norderstedt Germany
Gedruckt auf säurefreiem Papier aus verantwortungsvollen Quellen

Das vorliegende Werk wurde sorgfältig erarbeitet. Dennoch übernehmen Autoren und Verlag für die Richtigkeit von Angaben, Hinweisen, Links und Ratschlägen sowie eventuelle Druckfehler keine Haftung.

Das Buch bei GRIN: https://www.grin.com/document/1520183

HOCHSCHULE HANNOVER
UNIVERSITY OF
APPLIED SCIENCES
AND ARTS
—
Fakultät IV
Wirtschaft und
Informatik

A/D- und D/A-Wandlung

Jannes von Skarczinski

Seminar-Arbeit im Studiengang „Angewandte Informatik"

14. Juni 2024

1 Einleitung und Motivation

Unser Leben ist enger denn je mit technischen Hilfsmitteln aller Arten verwoben. Dadurch haben wir, ganz selbstverständlich, den Anspruch entwickelt, dass unsere Geräte - unser Handy, Laptop, Tablet und sogar unser Auto - nicht nur visuelle sondern auch auditive Schnittstellen zu uns haben. Wir wollen unsere Stimme aufnehmen, speichern, übertragen und abspielen können. Unser Smartphone soll tausende von Liedern spielen können und uns im Auto ankommende Nachrichten einfach vorlesen. Wir wollen telefonieren und die Videos, die wir aufnehmen, sollen natürlich auch Ton mit aufzeichnen.

Wie genau es aber überhaupt sein kann, dass man gerade die Stimme seines Gegenübers beim Telefonieren hört, wird gleichzeitig vermutlich die wenigsten bereits einmal beschäftigt haben. All die Technologie, ihre Probleme und deren Lösungen gehen schnell in der Selbstverständlichkeit und dem Alltag unter. Genau dort soll diese Arbeit ansetzen. Wir wollen eine nachvollziehbare Einführung in die Technik bieten, die genau diesen Funktionen zugrunde liegt, welche tagtäglich von Millionen von Menschen genutzt werden. Die Rede ist von Analog-Digital- (A/D) bzw. Digital-Analog-Wandlern (D/A). Sie bilden die Basis jeglicher Übersetzung von Signalen zwischen der analogen, realen Welt und der digitalen, technischen Domäne.

2 Grundlagen von analogen Signalen

2.1 Motivation

Wenn eine Person in ein Mikrofon spricht, wird durch die Druckschwankung der Schallwellen eine Membran im Mikrofon zum Schwingen gebracht. Diese Schwingung wiederum erzeugt eine Wechselspannung, die die Schwingung der Schallwelle widerspiegelt. [Fri08] Das Mikrofon wandelt also die erzeugten Schallwellen der Person in ein elektrisches, analoges Audiosignal um, welches exakt wie die Welle des Schalls schwingt. Dieses analoge Signal ist der Ausgangspunkt für einen Analog-Digital-Wandler. Zu wissen, wie ein solches Signal aussieht, ist fundamental, um zu verstehen, wie eine Analog-Digital-Wandlung arbeitet. Im Kern handelt es sich bei einem analogen Audiosignal um eine elektrische Schwingung, die durch eine Wechselspannung akustische Informationen überträgt. [Fri08]

Um ein fundiertes Verständnis über das Thema zu schaffen, werden im Rahmen dieser Arbeit harmonische Schwingungen als einfache Audiosignale zur Erklärung und Darstellungen genutzt. Es ist wichtig zu erwähnen, dass konstante Töne sich in der Realität durch einfache Sinuswellen beschreiben lassen. Komplexere Geräusche wie eine Stimme jedoch aus vielen gleichzeitigen Schwingungen zusammengesetzt wird. [Fri08]

Des Weiteren kann bei Signalen zwischen kontinuierlichen und diskreten Signalen unterschieden werden. Auch hier ist es hilfreich den Unterschied zu kennen.

2.2 Schwingungen

Schwingungen sind wiederholte Bewegungen oder Zustandsänderungen eines Systems. So stellt die Bewegung einer Schaukel eine Schwingung dar, genauso wie das Wechseln der Spannung eines Audiosignals.[KM13, Fri08]

Die zuvor genannte harmonischen Schwingung ist eine besondere Form der Schwingung, die die Eigenschaft besitzt, durch eine einfache Sinuswelle beschrieben werden zu können. Dabei sind drei Kenngrößen von Bedeutung, die Amplitude, Periodendauer und Frequenz.[KM13]

2.3 Amplitude, Frequenz, Periodendauer

Die Amplitude repräsentiert die maximale Auslenkung der Schwingung von der Ruhelage. In der grafischen Darstellung eines Audiosignals entspricht die Amplitude der Höhe der Wellenberge und -täler. Ein höherer Ausschlag bedeutet eine größere Amplitude und damit einen lauteren Ton. In einem Audiosignal zeigt die Amplitude, wie stark die Druckschwankungen sind, die das Signal darstellt.[KM13, Fri08]

Die Frequenz eines Audiosignals gibt an, wie viele vollständige Zyklen einer Schallwelle in einer Sekunde stattfinden. Sie wird in Hertz (Hz) gemessen. Eine höhere Frequenz bedeutet, dass mehr Zyklen pro Sekunde auftreten, was als höherer Ton wahrgenommen wird. Zum Beispiel hat ein hoher Pfeifton eine hohe Frequenz, während ein tiefes Brummen eine niedrige Frequenz besitzt. [KM13, Fri08]

Die Periodendauer einer Schwingung ist die Zeit, die diese benötigt, um einen vollständigen Zyklus zu durchlaufen - also von einem Wellenberg zum nächsten oder von einem Wellental zum nächsten. Gemessen wird sie in Sekunden und ist somit der Kehrwert der Frequenz.[KM13]

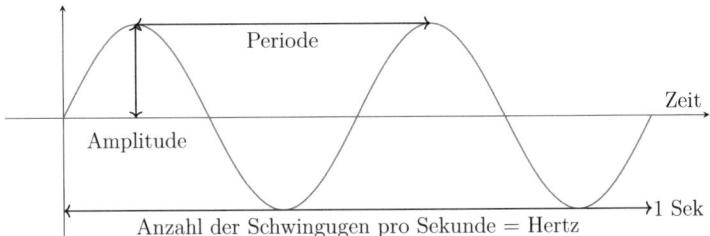

Abbildung 1: Kenngrößen einer Sinuswelle

2.4 Kontinuierliche und diskrete Signale

Ein kontinuierliches Signal ist eine Funktion, die zu jedem Zeitpunkt definiert ist und unendlich genaue Werte annehmen kann. Ein analoges Audiosignal ist genau solch ein kontinuierliches Signal, welches keine Unterbrechungen aufweist. Diese Art von Signal repräsentiert Schallwellen in der Luft und zeigt, wie stark die Druckschwankungen sind, die das Signal darstellen.[Mey21, Kam04]

Ein diskretes Signal hingegen besteht aus einer Reihe von Einzelwerten, die in regelmäßigen Abständen aufgenommen wurden. Diskrete Signale entstehen z. B. durch die Abtastung eines kontinuierlichen Signals. Solch ein Signal kann ein digitales Audiosignal sein, welches das Ziel eines Analog-Digital-Wandlers ist. Diese Signale sind nur zu bestimmten Zeitpunkten definiert und bestehen aus diskreten Werten.[Mey21, Kam04]

3 Pulse-Code-Modulation (PCM)

Die Analog-Digital-Wandlung ist ein grundlegender Prozess der Signalverarbeitung, bei dem ein kontinuierliches Signal in ein diskretes Signal umgewandelt wird [Mey21, Wer17]. Es gibt verschiedene Arten von Analog-Digital-Wandlern, die je nach Anwendungsbereich unterschiedlich gut geeignet sind. Da wir uns auf das Gebiet der Audiotechnik konzentrieren, betrachten wir zunächst die Pulse-Code-Modulation (PCM). Diese Methode ist leicht verständlich und eine der gängigsten Techniken zur Analog-Digital-Wandlung von Audiosignalen. Die grundlegenden Prinzipien der Pulse Code Modulation sind die Abtastung (Sampling) und die Uniforme Quantisierung, welche in einem späteren Kapitel ausführlicher behandelt wird.[Mey21]

3.1 Abtastung

Da ein kontinuierliches Signal zu jedem Zeitpunkt definiert ist, besteht es aus unendlich vielen Werten [Mey21, Kam04]. Dies stellt ein Problem dar, da Computer nur über begrenzten Speicherplatz verfügen, weshalb nur eine begrenzte Anzahl an Daten gespeichert werden kann [Fri08]. Hier setzt die Abtastung (eng. Sampling) an. Ihr Ziel ist es, das kontinuierliche Signal in ein diskretes umzuwandeln. Dabei wird das analoge Signal in konstanten Zeitabständen gemessen. So entstehen in regelmäßigen Abständen „Stichproben", auch Samples genannt, die das analoge Signal zu jenen Zeitpunkten repräsentieren. Die Anzahl der erzeugten Samples pro Sekunde wird als Abtastrate (eng. Samplingrate) bezeichnet. [Wer17, Fri08]

Da ein kontinuierliches Signal zu jedem Zeitpunkt definiert ist, besteht es aus unendlich vielen Werten [Mey21, Kam04]. Dies stellt ein Problem dar, da Computer nur über begrenzten Speicherplatz verfügen, weshalb nur eine begrenzte Anzahl an Daten gespeichert werden kann [Fri08]. Hier setzt die Abtastung (eng. Sampling) an. Das Ziel dieser ist es, das kontinuierliche Signal in ein diskretes umzuwandeln. Dies geschieht indem das analoge Signal in konstanten Zeitabständen gemessen wird. So entstehen in regelmäßigen Abständen „Stichproben" (eng.

3 Pulse-Code-Modulation (PCM)

Samples), die das analoge Signal an jenen Zeitpunkten repräsentieren. Die Anzahl der erzeugten Samples pro Sekunde wird Abtastrate (eng. Samplingrate) genannt. [Wer17, Fri08]

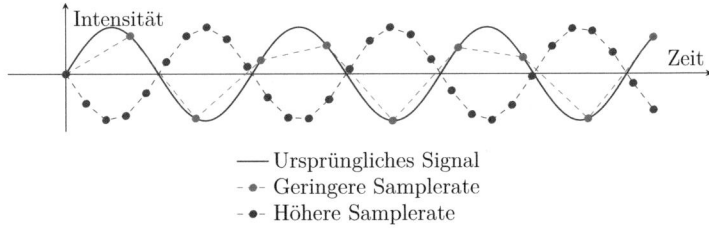

Zu Veranschaulichungszwecken ist das Signal mit höherer Samplerate invertiert worden.

Abbildung 2: Ursprüngliches Signal abgetastet mit zwei unterschiedlichen Abtastraten

Bei Betrachtung von Abbildung 2 fällt auf, dass vor allem das Signal mit geringerer Abtastrate große „Lücken" zwischen den Messwerten aufweist. Werden die Samples linear verbunden, entsteht eine kantige Funktion, die kaum den Eindruck einer Sinuswelle erweckt. Es ist naheliegend nun die Samplerate zu erhöhen, um die Diskrepanz zwischen dem ursprünglichen Signal und dem gesampelten Signal zu verringern. Im Vergleich zur geringeren Samplerate, ist die höhere Samplerate wesentlich genauer. Jedoch fallen bei einer höheren Samplerate mehr Werte an, wodurch sich der Speicheraufwand erhöht. Daraus ergibt die Frage, welche Samplerate sich am besten eignet.

3.1.1 Nyquist-Shannon-Abtasttheorem

Das Nyquist-Shannon-Abtasttheorem liefert die Antwort auf diese Frage. Es besagt folgendes:

> Eine Funktion $x(t)$, deren Spektrum für $|f| \geq f_g$ null ist, wird durch die Abtastwerte $x(t_n)$ vollständig, beschrieben, wenn Abtastintervall T_A bzw. die Abtastfrequenz f_A so gewählt wird, dass
> $$T_a = \frac{1}{f_A} \leq \frac{1}{2 \cdot f_g}$$
>
> [Wer17]
>
> folglich muss $f_A \geq f_g \cdot 2$

In anderen Worten: Ein Signal ist korrekt gesampelt und kann ohne Informationsverlust rekonstruiert werden, wenn die Abtastrate f_A mindestens das Doppelte der höchsten Frequenz f_g im Signal beträgt. Diese Grenzfrequenz f_g wird als Nyquist-Frequenz bezeichnet [Fri08].

Soll also ein Signal, dass Frequenzen bis zu 5kHz enthält gesampelt werden, ist $f_g = 5$kHz. So muss demnach die Abtastrate mindestens $f_A = 10$kHz betragen, um das Signal verlustfrei zu samplen.

Dabei ist wichtig zu erwähnen, dass das Theorem keine Phasenverschiebung berücksichtigt. Wenn f_A genau $f_g \cdot 2$ gewählt wird, kann es passieren, dass das Signal immer dann gesampelt wird, wenn der Ausschlag gerade 0 ist. Dies resultiert darin, dass das Signal ausgelöscht wird. [Zam17] Deswegen sollte die Samplerate grundsätzlich größer gewählt werden. Das Problem wird im Kapitel Aliasing genauer betrachtet.

3.2 Tiefpassfilter

In dem obigen Beispiel war bekannt, dass das Signal eine maximale Frequenz von 5 kHz erreicht, sodass die Abtastrate einfach bestimmt werden konnte. Doch es stellt sich ein Problem: Welche Abtastrate muss für eine anstehende Tonaufnahme gewählt werden? Vor der Aufnahme ist nicht bekannt, was die Grenzfrequenz sein wird, also kann auch keine Abtastrate festgelegt werden. Diese kann zwar geschätzt werden, würde jedoch einen Qualitätsverlust riskieren oder eine sehr hohe Abtastrate erfordern, was wiederum sehr rechen- und speicherintensiv ist. Hier hilft ein Tiefpassfilter. Dieser Filter lässt Frequenzen unterhalb einer gewissen Grenzfrequenz passieren und entfernt Frequenzen oberhalb dieser Grenzfrequenz. In der Realität schneiden Tiefpassfilter nicht direkt an der Grenzfrequenz ab. Stattdessen lassen sie einige Frequenzen oberhalb der Grenzfrequenz gedämpft passieren (siehe Abbildung 3) [Mey21]. Die reelle Grenzfrequenz ist somit höher als die ursprünglich gesetzte. Daher sollte die Abtastrate immer etwas höher als das doppelte der Grenzfrequenz gewählt werden.

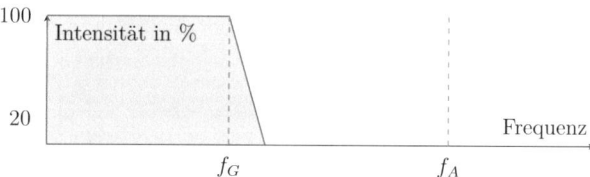

Abbildung 3: Frequenzintensität nach Anwendung eines Tiefpassfilters

3.2.1 Wahl des Tiefpassfilters

Die Auswahl eines geeigneten Tiefpassfilters ist stark von der jeweiligen Anwendung abhängig. Es ist allgemein bekannt, dass das menschliche Gehör Frequenzen bis zu einem Maximum von etwa 20kHz wahrnehmen kann [RB00]. Frequenzen, die diesen Wert überschreiten, haben keinen Einfluss auf unsere Wahrnehmung. Daher können sie ohne Bedenken mittels eines Tiefpassfilters aus dem Signal entfernt werden.

3 Pulse-Code-Modulation (PCM)

Strebt man also realitätsnahe Audioqualität an, müssen Abtastraten über 40kHz verwendet werden [Fri08]. Dieser Prozess ist jedoch sehr aufwändig, da 20kHz, also 20.000 Messungen pro Sekunde, sowohl rechen- als auch speicherintensiv sind. In einem professionellen Studio z. B. stellt dies in der Regel kein Problem dar, da hier meist hoch optimierte Ausrüstung zum Einsatz kommt. Gängige Abtastraten sind in diesem Fall 44kHz - 192kHz [Fri08].

Betrachten wir jedoch einen anderen Anwendungsfall: die Telefonie. Telefonate finden in Echtzeit statt und oft telefonieren mehrere Personen gleichzeitig. Würde ein Telefonat mit 44kHz abgetastet werden, würde dies nicht nur einen enormen Aufwand für einfache Telefone bedeuten, sondern auch die Telefonleitungen mit einer Datenflut überlasten. In der Praxis wird bei Telefonaten lediglich mit 6,8kHz abgetastet, sodass das Signal maximal 3,4kHz beträgt [Fri08]. Dies reduziert die Qualität natürlich erheblich. Für ein Telefonat ist dies aber völlig ausreichend, da sich die fundamentalen Frequenzen der menschlichen Stimme zwischen 90 und 250 Hertz befinden [RB00].

3.3 Aliasing

Aliasing ist ein meist unerwünschter Effekt, der auftritt, wenn das Abtasttheorem, durch zu niedrig angesetzte Abtastraten, verletzt wird. Dies hat zufolge, dass bei der Rekonstruktion des Signals fälschlicherweise zusätzlich geringere Frequenzen, erzeugt werden als sie ursprünglich im Signal waren. Das verunreinigt das Signal und führt zu Störgeräuschen. [Mey21]

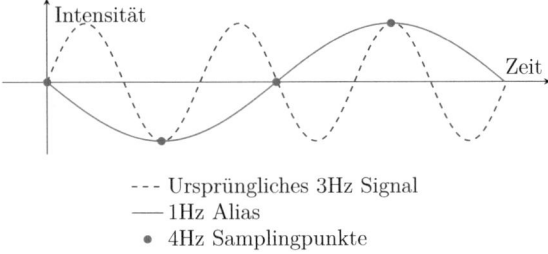

--- Ursprüngliches 3Hz Signal
—— 1Hz Alias
• 4Hz Samplingpunkte

Abbildung 4: Entstehung des Alias-Effekts

Abbildung 4 veranschaulicht den Alias-Effekt. Zu sehen ist das ursprüngliche Signal, das mit drei Hertz schwingt. Gesampelt wird das Signal jeweils an den roten Punkten mit einer Abtastrate von vier Hertz. Es ergibt sich das Problem, dass das Signal schneller schwingt, als Abtastungen vorgenommen werden. Werden die Abtastpunkte allein betrachtet, entsteht der Eindruck, dass das Signal langsamer schwingt, als es in Wirklichkeit der Fall ist. Dies geschieht, weil die Bedingung $f_A \geq 2 \cdot f_g$ des Abtasttheorems nicht erfüllt wurde. Demnach müsste in diesem Fall die Abtastrate sogar mindestens sieben Hertz betragen, um nicht nur den Alias-Effekt zu vermeiden, sondern auch die Signalauslöschung zu verhindern.

Wie bereits am Ende des Kapitels über das Nyquist-Shannon-Abtasttheorem erwähnt, basiert die Signalauslöschung auf dem gleichen Prinzip. Betrachtet wird ein Signal mit einer Frequenz von einem Hertz. Laut dem Abtasttheorem kann dieses Signal mit einer Abtastrate von zwei Hertz korrekt abgetastet werden. Dies ist jedoch nicht immer der Fall und kann stattdessen zur Auslöschung des Signals führen, was auf die Phasenverschiebung zurückzuführen ist [Zam17]. Phasenverschiebung ist die Verschiebung zweier Sinuswellen mit gleicher oder vielfacher Periodendauer relativ zueinander. Wenn zwei Wellen bei gleicher Frequenz schwingen aber nicht synchron sind, sind diese phasenverschoben [KM13].

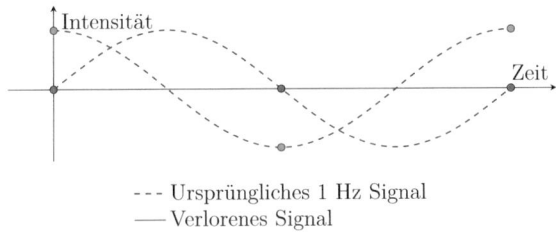

--- Ursprüngliches 1 Hz Signal
—— Verlorenes Signal

Abbildung 5: Signalauslöschung

In Abbildung 5 ist dieser Effekt zu sehen. Bei gleichem Signal und gleicher Samplerate, aber unterschiedlicher Phase, kann das Sampling entweder erfolgreich oder nicht erfolgreich sein. Es ist wichtig zu betonen, dass dieses Phänomen nur im Fall $f_A = 2 \cdot f_g$ relevant ist. Dieses Problem lässt sich leicht lösen, indem die Samplerate einfach ein wenig höher als $2 \cdot f_g$ gewählt wird.

3.4 Uniforme Quantisierung

Nach der Abtastung bleibt somit eine endliche Folge an Messwerten, die das ursprüngliche, zeitkontinuierliche Signal beschreibt. Da ein analoges Signal nicht nur an der Zeitachse kontinuierlich ist, sondern auch an seiner Amplitude, kann das abgetastete Signal jedoch immer noch Werte enthalten, welche unendlich viele, von null verschiedene und nicht periodische Nachkommastellen besitzen (siehe Abbildung 6).

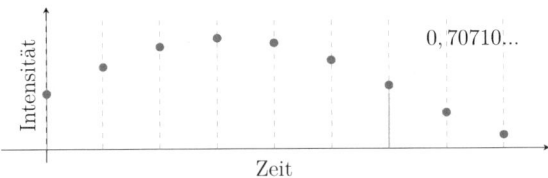

Abbildung 6: Abgetasteter Messwert mit unendlich vielen Nachkommastellen

3 Pulse-Code-Modulation (PCM)

An dieser Stelle greift daher dieselbe Problematik, die bereits bei der Abtastung auftrat: Unendliche Werte lassen sich in digitalen Systemen aufgrund derer fundamentalen Architektur nicht speichern oder verarbeiten. Wem nun der Gedanke kommt, man könne diesmal die Messwerte der Amplitude diskretisieren, beschreibt essenziell den Prozess der Quantisierung [Noc07]. Um dies umzusetzen, muss das Signal zunächst auf einen Bereich von -1 bis 1 normiert werden [Wer17]. Dadurch können danach über diesen Bereich diskrete Niveaus festgelegt werden, auf die die Ausprägung der Messwerte beschränkt werden soll [Wer17]. Jeder einzelne Messwert wird dann auf das nächstgelegene Niveau gerundet [Noc07, Fri08].

Für die genaue Umsetzung dieser Niveaus gibt es unterschiedliche Ansätze. Bei der uniformen Quantisierung wird der Wertebereich in gleich große Teilintervalle aufgeteilt, wodurch jeder Amplitudenbereich des Signals gleich aufgelöst wird (siehe Abbildung 7) [Fri08]. Konträr dazu gibt es die ungleichförmige Quantisierung.

An dieser Stelle ist es sinnvoll, sich erneut das grundlegende Ziel dieser Signalverarbeitung vor Augen zu führen - nämlich die Übersetzung eines analogen Signals in ein digitales. Da der digitale Raum im Binärsystem arbeitet, ist es zielführend, die Anzahl der Niveaus so zu wählen, dass sie durch eine Zweierpotenz ausgedrückt werden kann [Wer17].

$$2^w = n \iff w = \log_2(n)$$

Mit $n :=$ Anzahl der Niveaus, $w :=$ Wortlänge in Bits oder auch Bittiefe

So kann jedem Niveau eine einzigartige w-Bit-Darstellung zugewiesen werden [Wer17]. Durch Einsetzen erhält man zum Beispiel für acht diskrete Niveaus eine Bittiefe von drei Bits. Wird also das Signal aus Abbildung 6 in acht diskrete Niveaus unterteilt, lassen diese sich jeweils mit drei-Bit-Binärzahlen nummerieren (siehe Abbildung 7).

Da nun eine endliche Folge an Messwerten vorliegt, von denen jeder durch eine 3-Bit Binärzahl dargestellt werden kann, lässt sich leicht der sogenannte Bitstrom generieren [Wer17]. Der Bitstrom ist lediglich die Folge von Einsen und Nullen, welche die Folge an Messwerten - und somit letztlich das ursprüngliche Signal - beschreibt [Wer17]. Anschaulich lässt er sich aus Abbildung 7 ablesen, indem man Punkt für Punkt die Bitdarstellung des zugehörigen Niveaus notiert [Wer17]. Der Bitstrom lässt sich dann übertragen oder auf einer Festplatte speichern - wodurch das ursprüngliche Ziel der Digitalisierung eines Signals erfüllt ist.

Durch das Runden der Messwerte beim Quantisieren gehen jedoch Daten unwiderruflich verloren, was in dem kantigen Erscheinen des Signals in Abbildung 7 mündet. Der Prozess des Quantisierens ist folglich, im Gegensatz zum Abtasten, nicht verlustfrei. [Wer17, Noc07]

Dabei gilt, dass die Genauigkeit der Rekonstruktion und somit die Klangqualität steigt, wenn der Abstand zwischen den diskreten Niveaus sinkt (siehe Quantisierungsfehler). Um diesen Abstand zu verkleinern, können durch höhere Bittiefen mehr Niveaus hinzugefügt werden, wodurch die einzelnen Messwerte letztlich weniger grob gerundet werden müssen [Wer17]. Hoch angesetzte Bittiefen bieten also eine akkuratere Darstellung des ursprünglichen Signals - verschlingen jedoch mehr Speicherplatz und erhöhen den Aufwand jeglicher Verarbeitung [Wer17].

3.4 Uniforme Quantisierung

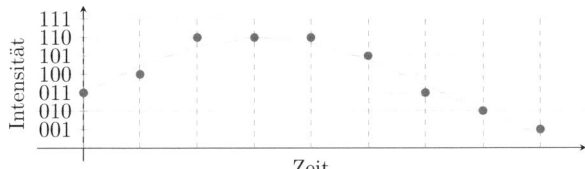

Folgender Bitstrom lässt sich ablesen: 011 100 110 110 110 101 011 010 001

Abbildung 7: Binär indiziertes, quantisiertes Signal

So entsteht ein Interessenkonflikt zwischen der durch niedrige Bittiefen erreichten Effizienz und der durch hohe Bittiefen erreichten Qualität. Es gilt also eine Balance dieser beiden Ziele zu finden, sodass beide in akzeptablem Maß erreicht werden.

3.4.1 Quantisierungsfehler

Durch das Runden der abgetasteten Messwerte bei der Quantisierung wird das ursprüngliche Signal verfälscht und klingt letztlich anders als das ursprüngliche, analoge Signal. Dieser Unterschied der beiden Signale nennt sich Quantisierungsfehler. [Wer17, Fri08] Der Quantisierungsfehler lässt sich daher darstellen als die Differenz des analogen Eingangssignals und der Stufenfunktion, die die quantisierten Messwerte beschreibt (siehe Abbildung 8).

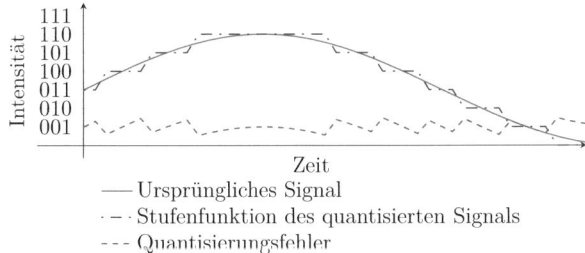

—— Ursprüngliches Signal
· − · Stufenfunktion des quantisierten Signals
- - - Quantisierungsfehler

Zu Veranschaulichungszwecken sind sowohl das quantisierte Signal als auch der Quantisierungsfehler als kontinuierlich dargestellt. In der Praxis sind beide Signale sowohl zeitlich als auch an der Amplitude diskret.

Abbildung 8: Quantisierungsfehler

Diese neue Funktion besitzt, genau wie die beiden anderen Signale, eine Amplitude und ist daher grundsätzlich hörbar. Da sie von dem Eingangssignal und dem quantisierten Signal abhängt, variiert ihre Klangsignatur mit diesen beiden Variablen. Häufig wird sie als Rauschen wahrgenommen [Noc07], kann jedoch auch verzerrte Stimm- oder Musikfragmente enthalten.

3 Pulse-Code-Modulation (PCM)

Der Nutzen dieses Wissens - bezüglich der Frage nach der idealen Bittiefe - wird mit der Erkenntnis über die Abhängigkeit des Quantisierungsfehler von der Bittiefe und dessen Ursprungssignals klar.

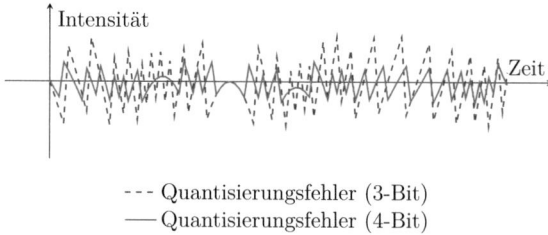

Abbildung 9: Quantisierungsfehler eines 3-Bit- und eines 4-Bit-Sinus-Signals

Abbildung 9 zeigt die Signale zweier Quantisierungsfehler. Beide entstammen demselben Eingangssignal, welches lediglich einmal mit einer niedrigeren und einmal mit einer höheren Bitrate quantisiert wurde. Es fällt auf, dass der Fehler, der dem Signal mit der höheren Bittiefe entspringt, eine kleinere Amplitude aufweist und somit in der Regel als leiser wahrgenommen wird. Im Kontext des Quantisierungsfehlers ist dies auch logisch. Höhere Bitraten bedeuten höhere Genauigkeit bei der Darstellung der Messwerte und somit ein genaueres Signal mit geringerem und folglich leiserem Fehler. Dies lässt sich mit folgender Faustformel annähern [Wer17]:

$$\text{SNR}_{\text{dB}} \approx 6 \cdot w \text{ dB}$$

Wobei SNR für die Signal-To-Noise-Ratio (Signal-Rausch-Verhältnis) und w für die Wortlänge, also die Anzahl der verwendeten Bits steht [Noc07, Wer17]. Das Signal-Rausch-Verhältnis gibt dann für ein mit w-Bit quantisiertes Signal an, wie viel Dezibel lauter das quantisierte Signal gegenüber seinem Quantisierungsfehler ist (siehe Abbildung 10) [Noc07, Wer17].

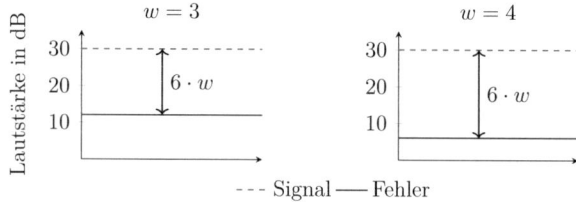

Abbildung 10: Lautstärke der Quantisierungsfehler eines 3-Bit- und eines 4-Bit-Sinus-Signals

Diese Erkenntnisse allein verdeutlichen jedoch vorerst nur nocheinmal etwas Altbekanntes: Eine höhere Bittiefe beim Quantisieren resultiert in einem besseren Signal. Relevant ist daher zudem grundlegendes Wissen über den Hintergrundgeräuschpegel.

3.4.2 Hintergrundgeräuschpegel

Autos die vorbeifahren, Vögel die zwitschern, der Wind, der in den Bäumen rauscht. Im Alltag sind wir permanent von Geräuschen umgeben, die völlig nebenbei auf unser Ohr treffen. Diese Geräusche machen den sogenannten Hintergrundgeräuschpegel aus. Wer einmal versucht hat sich auf einem lauten Konzert zu unterhalten, wird festgestellt haben, dass Gespräche schnell im Schreien enden. Dieses Phänomen nennt sich Verdeckungseffekt und ist eine der Eigenschaften des Hintergrundgeräuschpegels bzw. generell des menschlichen Gehörs, bei dem leisere Geräusche für uns von lauteren übertönt werden. [Wer17, BG03] (siehe Abbildung 11)

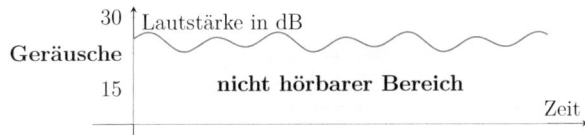

Abbildung 11: Verdeckungseffekt

Diese Erkenntnis lässt sich nützlich machen, indem beim Quantisieren die Bitrate so gewählt wird, dass der Quantisierungsfehler leiser ist als der Hintergrundgeräuschpegel [Wer17]. Da dieser von äußerlichen Einflüssen abhängt, muss darum eine Abschätzung getroffen werden, für welche Zielgruppe das Signal digitalisiert werden soll.

Verbraucher, die im Alltag, z. B. in der Bahn oder dem Auto, Musik konsumieren, sind nebenbei von lauteren Hintergrundgeräuschen umgeben. In diesen Fällen reichen daher niedrigere Bitraten, da auch lautere Quantisierungsfehler von den Hintergrundgeräuschen übertönt werden. Für solche Anwendungen sind heutzutage 16 Bit eine gängige Bittiefe. [Fri08]
Musikproduzenten oder Kinobesucher hingegen sind eher leisen Hintergrundgeräuschen ausgesetzt. Gleichzeitig ist die Audiowiedergabe des quantisierten Signals sehr laut, wodurch mit dem Signal-Rausch-Verhältnis auch der Quantisierungsfehler lauter - und eventuell sogar hörbar wird (siehe Abbildung 10). Um dem vorzubeugen, werden an dieser Stelle höhere Bitraten verwendet. Gängig sind hier mehr als 20 Bit. [Fri08]

3.5 Ungleichförmige Quantisierung

Ungleichförmige Quantisierungsmethoden verfolgen im Kern dasselbe Ziel wie die uniforme Quantisierung, also die Diskretisierung der Amplitude eines Signals und folglich die Codierung dieser in einen Bitstrom.
Sie unterscheiden sich von der uniformen Quantisierung jedoch dadurch, dass bestimmte Amplitudenbereiche höher aufgelöst werden als andere. [Wer17]

Dies ist nützlich, da der Quantisierungsfehler bei der gleichförmigen Quantisierung immer die maximale Amplitude besitzt [Fri08]. Das hat zur Folge, dass die tatsächliche SNR in leisen Abschnitten des Signals sehr gering ist, was bedeutet, dass der Fehler sehr laut im Vergleich

4 Delta-Wandlung

zum eigentlichen Signal ist [Fri08]. Durch die Nutzung einer ungleichförmige Quantisierung können darauf basierend niedrigere Amplitudenbereiche höher aufgelöst werden, wodurch der Quantisierungsfehler in diesen Abschnitten wieder leiser wird [Fri08]. Außerdem ist das menschliche Gehör empfindlicher gegenüber Veränderungen von niedrigeren Amplituden [BG03, JN84]. Auch hier kann eine ungleichförmige Quantisierung ansetzen und niedrigere Amplitudenbereiche höher auflösen, womit die wahrgenommene Qualität des Signals bei gleicher Bittiefe gesteigert werden kann [JN84].

3.6 Signalübertragung

Der letzte Abschnitt der Pulse-Code-Modulation ist die Übertragung des Signals. Nachdem das einst analoge Signal durch Abtastung und Quantisierung in einen digitalen Bitstrom codiert wurde, kann es auch direkt als solcher übertragen werden. Dafür können Einsen in eine Anwesenheit und Nullen in eine Abwesenheit einer Spannung übersetzt werden [Kam04]. Nach einem festgelegten Intervall wird dann das nächste Bit übertragen (siehe Abbildung 12).

Ein Vorteil dieser Übertragungstechnik der Pulse-Code-Modulation liegt in ihrer Störresistenz. Störsignale beeinflussen in der Regel nur die Amplitude eines übertragenen Signals [PS01]. Der Informationsgehalt eines PCM-codierten Signals hängt jedoch nicht direkt von dem Betrag der Amplitude ab, sondern basiert lediglich auf der Unterscheidbarkeit zweier Amplitudenwerte. Solange diese Unterscheidbarkeit also gegeben ist, kann ein PCM-codiertes Signal trotz Störsignal interpretiert werden. [Kam04] (siehe Abbildung 12)

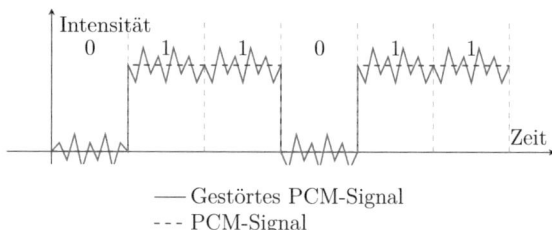

Abbildung 12: PCM-Signal des Bitstroms 011011 mit und ohne Störsignal

4 Delta-Wandlung

Bisher wurde die Nutzung von PCM zwecks der Analog-Digital Wandlung thematisiert. Wie ein Gegenstück, also ein Digital-Analog Wandler, aussieht, soll nun anhand der Delta Wandlung erklärt werden. Die Delta-Wandlung bietet sowohl Einsatzzwecke für die Analog-Digital- als auch für die Digital-Analog-Wandlung [Raz16]. Insbesondere die Delta-Sigma-Wandlung, welche auf der Basis der Delta-Wandlung aufbaut, ist heutzutage ein weit verbreitetes Modulationsverfahren, da sie besonders einfach zu implementieren ist und hohe Qualität bietet. [Raz16, Fri08]

4.1 1-Bit Quantisierung

Die Delta-Wandlung beruht auf einem 1-Bit-Bitstrom [Raz16, Kam04], was zunächst kontraintuitiv erscheinen mag - mit einem Bit lassen sich schließlich lediglich zwei unterschiedliche Zustände beschreiben, wodurch ein 1-Bit-Signal unbrauchbar wäre. Bei der 1-Bit-Quantisierung besitzt jedoch, konträr zur Multi-Bit-Quantisierung, nicht jedes Niveau eine eigene, feste Nummer.

Stattdessen wird, ausgehend vom derzeit betrachteten Wert, durch eine Null oder Eins ausgewiesen, ob der nächste Wert höher oder tiefer liegt als der aktuelle [Raz16].

Veranschaulichen lässt sich dies mit einer Treppe. Möchte man bei einer herkömmlichen Multi-Bit-Quantisierung beschreiben, wie jemand sich auf der Treppe bewegen soll, könnte man folgendes sagen: "Gehe bis Stufe Drei, dann wieder auf Eins zurück.". Dieselbe Anweisung im 1-Bit-Stil könnte hingegen etwa wie folgt lauten: "Gehe eine Stufe hoch, dann eine Stufe hoch, dann eine Stufe hoch, dann eine Stufe runter, eine Stufe runter, eine Stufe runter."(siehe Abbildung 13). Es fällt auf dass die 1-Bit-Variante mehr Anweisungen für das selbe Ergebnis benötigt, was der Überabtastung entspricht. Dafür sind die Anweisungen jedoch simpler - nur hoch und runter statt Stufe X / Y.

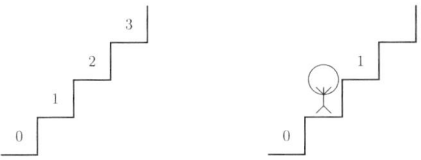

Abbildung 13: Multi-Bit-Treppe und 1-Bit-Treppe

Ein 1-Bit-Signal beschreibt also nicht mehr das absolute Niveau der Werte, sondern gibt das relative Niveau bezüglich des vorangegangenen Bits an. Dadurch wird letztlich die Steigung des Signals beschrieben [Raz16]. Mit dieser Strategie lässt sich ein Multi-Bit-Signal in ein 1-Bit-Signal umwandeln.

4.2 Überabtastung

Gängige PCM-Abtastraten wie 44.1kHz genügen in der Regel nicht für einen 1-Bit-Bitstrom mit hinreichender Qualität, da unter Umständen zwischen zwei Abtastzeitpunkten mehrere diskrete Niveaus der Amplitude liegen (siehe Abbildung 7). Ein 1-Bit-Signal kann jedoch nicht darstellen, dass dieser Unterschied größer ist als ein anderer, wodurch das Signal wesentlich an

4 Delta-Wandlung

Qualität verlieren würde.
Vor einer Umwandlung des Multi-Bit-Signals ist daher ein Zwischenschritt notwendig: Das Überabtasten (eng. oversampling). Bei der Überabtastung wird das Abtastintervall so weit verkleinert, dass das Signal zwischen zwei beliebigen Abtastzeitpunkten maximal um ein Niveau steigt oder fällt (siehe Abbildung 14)[Kam04]. Erreicht werden kann ein nachträgliches Überabtasten dadurch, dass bei der ursprünglichen PCM-Abtastung das Nyquist-Shannon-Abtasttheorem berücksichtigt wurde. Dadurch lässt sich die ursprüngliche Amplitude nachträglich zu einem beliebigen Zeitpunkt rekonstruieren. Dieses Vorgehen nennt sich Interpolation. [Wer17] Durch sie können der Folge der abgetasteten Werte neue Zwischenwerte hinzugefügt werden. Die Abtastrate erhöht sich dadurch effektiv (siehe Abbildung 14 im Vergleich zu Abbildung 7) - daher der Begriff der Überabtastung.

Nach der Überabtastung kann dann ein 1-Bit-Signal erstellt werden, indem für jeden Messwert ermittelt wird, ob dieser über oder unter seinem Vorgänger liegt. Dementsprechend wird eine Null oder eine Eins notiert, wodurch der 1-Bit-Bitstrom entsteht [Kam04] (siehe Abbildung 14).

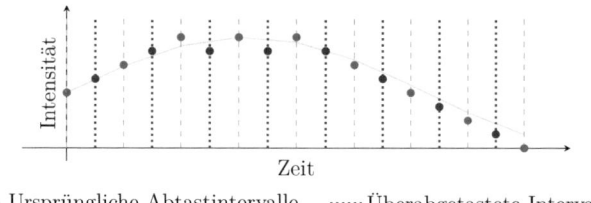

Abbildung 14: 1-Bit quantisiertes Signal [Kam04]

Wie unschwer zu erkennen ist, ist die Quantisierung in Abbildung 14 nicht besonders genau. Um dies zu kontern werden in der Praxis wesentlich höhere Samplingraten, wie 2,8224MHz, verwendet [Fri08].

4.3 Digital-Analog Umsetzung

Das generierte 1-Bit Signal kann im letzten Schritt durch einen Integrator geglättet werden, wodurch letztlich das analoge Signal reproduziert wird. Eine einfache Implementierung für einen Integrator ist der Tiefpassfilter. Dieser besitzt ein bestimmtes Ansprechverhalten, wodurch die sofortigen Wechsel der Spannung des digitalen 1-Bit Bitstroms abgerundet werden. [Raz16] Da diese bereits in zwei Stufen der Spannung übertragen wurde, gibt der Tiefpassfilter ein analoges Spannungssignal aus, welches, abgesehen des Verlustes bei der Quantisierung, dem ursprünglichen, analogen Eingangssignal entspricht [Fri08] (siehe Abbildung 15). Die Umwandlung des digitalen Signals in ein analoges ist somit abgeschlossen.

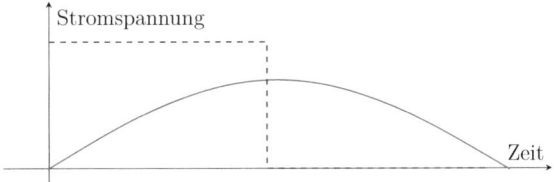

Abbildung 15: Digitales und geglättetes Signal des Bitstroms 10

5 Fazit

Auf dem Weg eines Signals von der analogen in die digitale Domäne - und umgekehrt - treten einige Stolpersteine auf. Begrenzter Speicher, der Aliasing-Effekt und der Quantisierungsfehler sorgen dafür, dass das Signal an den unterschiedlichsten Stellen der Übersetzung verfälscht werden kann. Doch mitsamt all diesen Problemen hat diese Arbeit auch die Lösungen gezeigt, die dennoch für eine reibungslose A/D- und D/A-Wandlung sorgen.

Die Pulse-Code-Modulation als A/D-Wandler nutzt so u. a. Tiefpassfilter, das Abtasttheorem, die Grenzen des menschlichen Gehörs und den Verdeckungseffekt aus, um durch Sampling und Quantisierung eine akkurate Abbildung des analogen Signals im digitalen Format zu bilden. Auf der anderen Seite, bei der D/A-Wandlung verwendet die Delta-Wandlung Prinzipien wie die Überabtastung, die 1-Bit-Quantisierung und die Glättung durch einen Tiefpassfilter, um ein digitales Signal wieder in ein analoges zu übersetzen.

All diese Bausteine und Prozesse nutzen wir tagtäglich unzählige Male - ohne davon je etwas mitzubekommen. Jedes Telefonat, welches wir führen, jede Audionachricht, die wir aufnehmen und jeder Ton, welchen wir mit unserem Smartphone oder Computer wiedergeben, wird mit diesen oder weiterführenden Techniken realisiert. Es ist klar geworden, dass die Kompetenz für eine erfolgreiche Übersetzung eines Signals auf tiefem Verständnis der Theorie beruht. Die gewonnenen Erkenntnisse aus dieser Arbeit bilden die Basis dieser Theorie und somit einen Einstieg für weitere Recherchen in der Welt der Signalverarbeitung.

Literatur

[BG03] Marina Bosi and Richard E. Goldberg. *Introduction to Digital Audio Coding and Standards*. Springer Science & Business Media, 2003.

[Fri08] Hans Jörg Friedrich. *Tontechnik für Mediengestalter - Töne hören - Technik verstehen - Medien gestalten*. Springer Verlag, Berlin Heidelberg, 9. Auflage edition, 2008.

[JN84] N. S. Jayant and Peter Noll. *Digital Coding of Waveforms: Principles and Applications to Speech and Video*. Prentice Hall, 1984.

[Kam04] Karl-Dirk Kammeyer. *Nachrichtenübertragung*. B. G. Teubner Verlag / GWV Fachverlage GmbH, Wiesbaden, 3., neubearbeitete und ergänzte Auflage edition, 2004.

[KM13] Walter Sextro Kurt Magnus, Karl Popp. *Schwingungen - Physikalische Grundlagen und mahtematische Behandlung von Schwingungen*. Springer Vieweg, Wiesbaden, 9. Auflage edition, 2013.

[Mey21] Martin Meyer. *Signalverarbeitungs - Analoge und digitale Signale, Syteme und Filter*. Springer Vieweg, Wiesbaden, 9. Auflage edition, 2021.

[Noc07] Rudolf Nocker. *Digitale Kommunikationssysteme 1*. Vieweg+Teubner Verlag Wiesbaden, 2007. https://serwiss.bib.hs-hannover.de/frontdoor/deliver/index/docId/176/file/Nocker_0702_DKMS1_Kap13_quantisierung_pdfa.pdf.

[PS01] John G. Proakis and Masoud Salehi. *Digital Communications*. McGraw-Hill, 4th edition, 2001.

[Raz16] Behzad Razavi. The delta-sigma modulator [a circuit for all seasons]. *IEEE Solid-State Circuits Magazine*, 8(2):10–15, 2016.

[RB00] Robert F. Orlikoff R.J. Baken. *Clinical Measurement of Speech and Voice*. Singular Publishing Group, 2. Auflage edition, 2000.

[Wer17] Martin Werner. *Nachrichtentechnik*. Springer Vieweg Wiesbaden, Wiesbaden, 8. Auflage edition, 2017.

[Zam17] V. V. Zamaruiev. The use of kotelnikov-nyquist-shannon sampling theorem for designing of digital control system for a power converter. In *2017 IEEE First Ukraine Conference on Electrical and Computer Engineering (UKRCON)*, pages 522–527, 2017.